Riwayat - E - Ishq

A Poetry Collection

Writopoet

BookLeaf Publishing

India | USA | UK

Made with ❤ on the BookLeaf Publishing Platform

www.bookleafpub.in

www.bookleafpub.com

Dedication

I dedicate this book to the person who really made me
know what love is , how it feels to be someone's special,

and to the time , most memorable of my life , which
made me a better person and a better poet too.

सितम तो ये है कि ज़ालिम सुख़न-शनास नहीं
वो एक शख़्स कि शाएर बना गया मुझ को

अहमद फ़राज़

Preface

This book is compilation of my poems which will take readers to a lovely phase . The readers may find it relatable. This book contains raw emotions of a heart falling in love for the first time. It will feel like a pause, refreshing between all the chaos of life. Love is a sacred stone which has to be kept with caution and care , it came to me as something pure and precious which changed me to the core.

Though this book is a work of fiction, all the poetries in this book are inspired from my own life . I hope reading this book will take my readers to the memories of their first love to relive its charm, once again. As Robert Frost has said that writing a poem is discovering .

Writing always gave my mind a clarity about thoughts and helped me in processing my emotions . I wish this book makes you feel connected and leaves an impact of love, on your soul.

Acknowledgements

I am really grateful to my family and friends who motivated me to share my writings.

This is my first book , thanks to Book Leaf Publishing for making my dream come true.

muaavzaa..

logon ne khoob kahaa
soch samjh kar rakhna
har kadam

janaab mohabbat ki raah me
ke nigaahon se hue haadse ka
koi muaavzaa nahi hota

jaisey to sab mere
haath me tha

main mitti ka putlaa
kisi khaak me tha

jee utha usey paa ke shayad
dil isee firaak me thaa

zazbaato ko baandha nahi ja sakta
ishq me koi kaaydaa nahi hota

mohabbat bhala koi tol paya hai
isme koi nuksan ya fayda nahi hota..

tasveer se zyaada vo asal me
khoobsurat hai

adaao par kya kahu ,
vo saadgi ki moorat hai...

uski har khwahish
poori karna chhta hai dil

apni kahu toh bas mujhe
uski zaroorat hai

vo jo kabhi kabhi kisi shaam
mujhse hass kar milta hai

ban jata hu vo phool
jo mausam dekh kar khilta hai..

kaisa darjee bhej diya hai khuda ne
meri zindagi me

khud hi karke tukde mere armaan
khud hi unhe siltaa hai

ab zindagi se kuch nahi chahiye
uske saath ke siva
sukoon hai uski saubat me

uske hone ka ehsaas kuch
is kadar hota hai

saarey dukh bhool jaata hai mann
uski ek hasi dekh kar

haseen khwaab jaise koi
chal raha hai

gam nahi marr bhi jau gar
uski qurbat me..

mujhe hasrat hai jiski
usey haasil nahi main

sochtaa hu kya uske
kaabil nahi main

ye milna bhi
kis tarah ka milna khudaa

jis kashti me rakh diya hai perr
uska saahil nahi main

izzat itni hai usey
dekhtaa hu door se

chuu kar usey mailaa karu
itna zaahil nahi main

itna zaahil nahi main...

writopoet

kismat..

saamney barsaat ko
tera khayaalaat ho

tu hi bata
issey behtareen kya baat ho

kabhi apni kismat kabhi
teri tasveer par muskuraatey hai..

jee chahta hai har pal jataaye
tujhe kitna chahtey hai..

bezubaan sa kar gya hai mujhe
tere chehre ka noor
isey dekh jee bharta nahi..

jahaan me tujhsa koi aur nahi
dobara wahi heera banane ki galti
koi johari karta nahi..

maanga tha chaand mainey
khuda ne poora aasmaan de diya

chaaha tha thoda guroor mainey
mujhe itna gumaan de diya

muskuraaney ki
ek wajah maangi thi
itna khoobsurat insaan de diya

mujhse khushnaseeb nahi koi
laga puraa jahaaan de diyaa

pata nahi main kaha hu
uske chahne walo ki kataar ki..

par vo mehsoos hota hai aaj kal
dil ke kareeb mujhe

uska aas paas hona lagta hai jaisey
ek arse se murjhaayi kali khil gyi ho...

saaya uska is kadar mila mujhe

jaisey begaaney sheher me
sar ko chhat mil gyi ho..

khud se mohabbat karna main
ussey seekh raha hu

vo jab se zindagi me aaya hai
gham me bhi main theek raha hu...

kaise bayaan karu uski aankhey
kisi jharokhey se aati kiran ho jaisey..

uski aankho me surmaa jaisey
mere dil pe lakeer kheechey vo

mujhe dekhe vo jab jab
meri rooh sanwaarey khud ko

uski saadgi par marr gaya shayar
dua me maangu usey
har dafa jab aankhey meechey vo..

vo jo chhuu kar guzraa mujhe
main mere jaisa na raha

ragon me sirf ishq hai ab
jissey milte thy tum
main ab vaisa na raha

main ab vaisa na raha...

writopoet

8

acchha lagta hai...

dekh dekh yun hi tasveer teri
kab tak akele
muskuraana padega..

chhoti chhoti wajah bana kar
kab shayar tujhse
bewajha ladega

acha lagta hai teri daant sunna
aur fir mand mand hass kar
kuch khwaab bunna

itne logon me se tera
sirf mujhe chunna

meri fikar karna , teri har adaa
teri hasi tu sabse judaa

tere saath bitaya har pal
mere liye yaado ka bastaa hai

rooh khil jaati hai meri jab
tera chehra hasstaa hai..

ek nazar se khareed liya mujhe
tere liye shayar sasta hai

zindagi baag hogyi hai
main phool , tu guldasta hai

saath baith kar
baat karne jaisaa..

mehsoos hota nahi
kisi aur tareeke me..

mera dil kho gaya hai kahi
tere baat karne ke
saleekey me..

so jaana tujhe dekhte dekhte
uff , vo bhi kya raat thi

jab hass padey kisi pal saath
vo bhi kya baat thi

jaaney kab se mera ye dil

tere paas hai

jab se dhadakna chhod gaya
shayad pehli hi mulaqaat thi

writopoet

lavz nahi hai..

Yun to shaunk hai kaagaz kalam ka..
par masumiyat likhne ko teri,
lavz nahi hai

laakh chehre hai khoobsoorat jahaaan me,
par kisi me tujh sa tarz nahi hai...

khyaal rakhna tera..
chahat hai meri..
koi hukum,
koi farz nahi hai...

tu kara le intzaar jitna marzi ..
yahi hu main ..
teri saubat me marr bhi jau toh
koi harz nahi hai...

chhod kar tujhe...kahi aur
na kabhi mera dil behlana hoga..

tareef me teri..
likh kar kaliyaa,
mehfil me aksar sunana hoga

naa hoga koi darmiyaan
gar bigdi dil ki baat kabhi ...
bas tera roothna aur
mera manana hoga...

aashiqui mukammal kahaan
gareebo ki ..
mohabbat hai janaab
koi karz nahi hai

yun to shaunk hai kaagaz kalam ka par
tujhe bayaan krne ko mere pass
lavz nahi hai......

teri hasi jaise chaand hai
jo khilta hai roz aasmaan par

Mera ishq jaise itar gulaab ka
chhidakta shayar tere har armaan par ..

akele kaafi lad guzarne ko
har aafat se gar tu pass hai ..

sab feeka tere aage
yuhi nahi tu dil ka khaas hai..

hakim na vaid koi..k
ar skta ilaaaj hai..

meri nazar se dekhe zamaana..
hua hai jo mujhe ye koi
marz nahi hai...

yun to shaunk hai kaagaz kalam ka par
likhne ko apna ye afsaana
mere pass lavz nahi hai...

lavz nahi hai.....

writopoet

nahi jaanta..

Ye toh nahi jaanta shayar ke
tujhe ehsaas kab hoga

par dar satata hai ke ye pyaar
adhura reh jayega

kaise tu fisal rha hai lakeero se,
lagta hai..
ek din aankho se meri
ojhal hi shayad ho jayega...

main reh jaunga itraata apni pasand par
ya jhuthlaata tere door jaane ko

muskuraata apni yaado me
ya rota bilakhta apne sirhaane ko

sochta kya kami thi mujhme
chah kar bhi jo chah na paaya

karke dil tere naam tbhi
tujhe mohabbat smjhaa na paaya

maangta izaazat rabb se hai
kar de tujhe izhaar ya nahi

puchta hai kya hoga kabhi khtam
ye intzaar ya nahi

kitno se hi milna par
mere sivay dil na lagaana kahi

mud kr humesha mere pass hi
laut aana yahi..

kudrat ka shukriya jnaab
har din hi krta hu

jab jab tere chehre ko
in aankho me bharta hu

teri khoobiya har kisi ko bataate bataate
main yun nikharta hu

jaane kitne honge teri aas me
jinki nigaaho me akharta hu

tujhe pyaar krte krte tujhe nahi
khud ko hi main parakhta hu

kehte hai log
tu hogya mureed hai shayar

mohabbat itna asaani se
mukammal kahaan hoti hai

main kehta hu, meri pasand jaisi ...
kisi ko naseeb hi kaha hoti hai

Ye toh nahi janta ke tu kaha tak
mujhe saath lekar jayega

maine daga seekha nahi karna

dil nibhaate aaaya tha ,
nibhaate jayega...

writopoet

simat gaya tujhme..

bikhra hua tha main..
simat gaya tujhme
awaara tha
ghar paa liya tujhme

nahi thi himmat
aankhe milaane ki bhi
hakikat har khwab
mera hogya tujhme..

dar the seene me ,
ajeeb si chubhan thi..
kho kar sab fir
khada main huaa tha

ladna khud se,
kabhi zamane se
ese hi nhi yun
bada main hua tha ..

bhar gyi lakeerey khushiyon se meri..
jab haath me haath
thama diya tuney

dil reh gaya tha seene me mere
fir se zinda dil
bana diya tuney

pyar aaj kal khud se
thoda zyada karne laga hu

jee raha hu thoda zyada
jab se tujh par marne laga hu..

likhta nahi tha main
ishq mohabbat par jnaab

tujhe hi soch kar ab
likhne laga hu

kholne laga hu raaz dil ke
sirf tere saath main

rakhne laga hu har pal mera
sirf tere haath main

har kaam ka mujhe
ab tu hi inaam chhaiye

kar liya boht intzaar maine
teri saubat me araam chahiye..

din bhar ki thakaan utaarne wali
teri muskurahat , har shaam chahiye

har din , har janam ab
tujhse mohabbat karne ka
kaam chahiye

writopoet

beemaar hu...

aankho se lagta hai
main behadd beemaar hu..

duniya kya jaane
main ishaq ka shikaar hu..

hogeya jahaan se bekhabar
khud se bhi judaa mila..

mitt gaya naam - o - nishaan
vo pehlaa sa fir gumshudaa mila...

sambhal gaya umar bhar ke liye
fir se janam baa khuda mila

baaki sab chahtey chhoot gyi..
jisey vo mila, usey khuda mila..

karti hai sharaarat aankhe uski
mere zazbaaton ke saath

khel rahi jaise mohabbat uski
mere halaaton ke saath

saath uska jitne din bhi miley
rakh lena maine har pal saja ke

ek uski tasveer aur
uski meri mulaqaaton ke saath..

kuch vo kahey kuch main kahu
baatey yun hi chalti rahey

shaam yun hi dhalti rahey..
sansey yun hi machalti rahey

raat apne rang badalti rahey
khaamosi ek duje ki khalti rahey

kuch vo kahey,
kuch main kahu....

writopoet

tera bana rahi hai..

Mujhe gehhrayi se
jaanne ki umeed ..

mujhe khush rakhne ki
har koshish teri ..

mujhse mujhe maangne ki
yun mujhse hi har sifarish teri ..

thoda kareeb aane ki
iltzaa ye guzaarish teri ...

daant se zyaada pyaar jo hai
mere hone ka intzaar jo hai

ye itni fikar
har pal mera zikr

ladna , jhagadna ..
fatkaar jo hai ..

Sach, har ye chiz mujhe
tera bana rahi hai ..

sapna sa hai par lubha raha hai ..
tera saath hona shayad

khud ke kareeb ..
ya hakeekat se door le jaa raha hai ..

har aane wali subah nayi hai
ek nahi mujhe bechainiyaa kayi hai ..

zindagi me ab
teri bhi jagah hai ..

khush hu aaj toh
tu bhi wajah hai..

sach har ye ghadi mujhe
tera bana rahi hai ..

samajh lena mujhe jab
kuch na kahu

sambhaal lena mujhe jab
akele akele sahu ..

pooch lena haal jab
door door rahu

thaam lena haath jab
choor choor lagu ...

theher jaana yuhi pass mere
ban jaana yuhi ehsaas mere ..

tera nibhaane ka saleeka ..
tere jataane ka tareeka

teri awaaz , har hasi mujhe
tera banaa rahi hai ..

tera bana rahi hai.....

writopoet

mehfooz lagta hai..

kaise kaati hai umar
ek din me bata nahi payega

kitna darta hai tujhe khone se
tere samne jataa nahi payega..

shayar..ban ke rahega tera
kalam jo tere haath se likhegi ....

aankhe meri bayaan karti hai
tujhe inme meri zindagi dikhegi..

saansey kitni kisey khabar
tere sath mera kitna hai safar

pehli baar kisi ko jnaab
dil ne chaha hai is kadar ...

main thokre nahi khaata
zazbaat lekar dar badar..

chuu lu tujhe jo tu saamne ho mere
choom lu ye hath jinhone
thaama hai mujhe ...

mehfooz lagta hai
zindagi bhar ke liye.. khud ko
main saump du tujhe
jis tarah teri ungliyo ne baandha hai mujhe...

tu nahi pass toh lagta hai
door kahi mera aadha hissa hai jaise

tu sabse khoobsurat
meri zindagi ka kissa hai jaise

seeshey me dekh khud ko sochta hu
tune hath chhoda toh fir se
badal jaunga main

kya pata fir kaha hogi kismat
naa is tarah kabhi
sambhal paunga main

pyaar nahi kehte isey chal
par jo hai bada haseen hai

koi aur chahiye hi nahi ..
jabse tu mere kareeb hai

sach kahu toh aabaad hogya hu
jab se paaya tujhe..

lagta hai saara zamaana
hogya gareeb hai..

kaise jiyaa hai ab tak shayar
ek din me bata nahi payega

kitna darta hai tujhe khone se
tere samne jata nahi payega..

writopoet

khilti dhoop si..

khilti dhoop si muskurahat hai uski
aankho me uski raahat hai

chehra chamakta chaand sa uska
mere taaro ko uski chahat hai..

vo jis pal mujhey maangey
main usi lamha haan keh du

kaisey uski mojudgi ko
main naa keh du..

uske saath baithne ko
main araam keh du..

koi puchey khudaa ko dekha hai
main uska naam keh du..

ye ishq hai , na ki saudaa
na koi maslaa hisaab kitaab ka

vo pehlaa aur vo hi aakhiri
panna mere dil ki kitaab kaa...

hai kitney rangeen lamhey ye
uske saath jo katt rahey

mere gam mujhe gam nahi lagtey
uske saath jo bantt rahey

jab se thaama ye haath usney
kisi aur ka haath main pakadta nahi

uski awaaz jaisey meri dhadkan hai
kisi aur ka khayaal mujhe jakadta nahi..

writopoet

humey ishq hua..

kaisey simat gaya saara jag uss tak
hotey hotey na ehsaas hua

humey ishq hua, mohabbat hui
jab jab vo paas hua

kahi se aa jaaye vo saamney agar
nazar fir uss se hatt ti nahi hai

bhaagti hai jaisey kuch chhoot raha ho
dhadkaney fir datt ti nahi hai

kitne hi uspe martey hai
vo bhi jaan chhidakta hoga kisi par

darr lagta hai zaahir karney me
kambakht ye dorr bhi katt ti nahi hai..

nahi maloom ,
jannat kaisi hoti hogi

magar uske saaye se behtar
mujhe kuch nahi lagta

jee uthta hu ussey mil kar
pehele jaisa fir mujhe
kuch nahi lagta..

kaash vo de maukaa kabhi
uski zulfen sanwaaru main

sehlaau jee bhar ke usey
uski aankho me
khud ko haaru main

dhoop jo girti hai phoolon par
khil uth ti hai kaliyaa jaisey

khushboo us baag ki
mujhe uske jaisi lagti hai

jhoom uthta hai rom rom mera
vo aas paas agar ho

pattiyaa lehraati hai jaisey
hava ke guzarne se

mujhe mere jaisi lagti hai

writopoet

wakaalat ishq ki...

dil ghayal karne waali
uski aankhey thi

main hogeya kaid jaisey
salaakhey thi

uski khwaahishey rakhni
sar aankhey thi..

uski takni jaisey meri rooh me
jhaankey thi..

dobaara milne ki umeed ne
zinda chhod diya humey varnaa

uska muskuraana tab ka
tabaah kar gaya..

nahi rukte perr jab
khichi chali jaaye rooh...

dekhne bhar se
chehra uska
miley mere dil ko sukoon..

main maanta nahi tha
pyaar mohabbat ki baaton me

uske meri zindagi me aana
mujhe ishq ka
gawaah kar gaya...

havaao me
khushboo hoti hai

jis peher vo mere sheher
kadam rakhta hai

dil khaana peena chhod kar
sirf uski raah takta hai

ishaq mera jaise
ishteyhaar sa hai

mashhoor bhi utna
jitna badnaam hai...

zamaana ho jaaye khafa
koi gam nahi

ishq ki wakaalat karna
shayaron ka kaam hai...

ishq ka wakeel
shayaron ka dusra naam hai..

jab baat mohabbat ki ho toh
nadaani aani chahiye

iss rishtey me jaayaz
samjhdari aani chahiye..

roothey ko manaana
izzat kamaani aani chahiye..

sabke hissey me bharosa aur
wafaadari aani chahiye..

writopoet

muskuraata hi reh gaya...

kehte ishq koi pyaari saugaat hai
isme kuch toh janaab baat hai

jo mehboob keh de din kar de
jo mehboob kahey to raat hai

us haseen chehre ka
khwaabo me aana jaana hai..

kuch is tareeke se hoti
mulaaqaat hai

ishq ki raah asaan nahi
maloom yaha sabhi ko

ye zaat nahi dekhta
ye iski khaas baat hai...

sanam ki muskurahat zinda rakhti hai
mohabbat har mod par parakhti hai..

kadam roke nhi ruktey jab dil ki talaash
kismat aankho ke saamne rakhti hai

muskuraata hi reh gaya shayar
vo guzraa jab kareeb se

jaisey saarey gam vo le gaya mere
hogaya ameer main gareeb se

jo lagi hai chot nazro se dil pe
vo dikhaayi nahi deti

kis marz ki hum
maangey dava hakeem se..

writopoet

baithey intzaar me..

Baithey intzaar me
itni der hogyi hai

kahaan hai
tuney aana hai ke nahi...

Jo mehsoos hota hai
tere dil ko

tuney kabhi
bataana hai ke nahi ...

saara zamaana kehta hai tujhe
mujhse pyaar hai

Jiske liye likhi tune
har kali khayaal me

samne baith kar usko kabhi
jatana hai ya nahi....

esa keh kar shayar ko usne
fir soch me daal diya

kabhi aur karunga izhaar sahi
fir ek baar maine taal diya...

tujhe pata hai ay bewkoof dil
vo kahi chhod kr jayegi nahi

teri jagah vo tujhe dikhaaye na
par kisi aur ko
waha baithaygi nahi

laakh lamhey ladey vo tujhse par
kisi aur ko apnayegi nahi

sata sata kar
thitholeeya kregi

tujhe bewjaha kabhi
rulaayegi nahi...

tu chhod de darna ek zindgi hai
maut bata kar aati nahi

tujhe bhi pata hai vo ek shakhs hai

vo hai toh ye jaan jaati nahi ..

tuney jitna usse pyaar kiya hai
thoda toh hak jataya kar..

tere alaawa kisi aur ki yun
likhawat usey sajaati nahi...

is baar toh himmat lekar jaana
ikraar ussey krne ki

fir karna kahi jaa ke zurrat
usey baaho me bharne ki

gawa na dena ese tu usey
apni chhoti si bhool se....

vo khud me mehektaa baag hai
na karna tauheen uski
kisi phool se

naa socha kar bewajah ,
intzaar me tere baithi hai

zazbaat zahir hongey rokna mat
naa ye moka fir se
aaj taal dena....

vo aankho se puchegi tujhe
zubaan se suna
aaj haal dena....

writopoet

hakeekat..

dil se maangi muraad
kaise poori hoti hai jaana

jab aankhey khuli aur
saamney paaya tujhey

kabhi hakeekat si lagey
kabhi tu sapna koi

kar raha hu bayaan
isey izhaar samajh lena..

kabhi pad jaaye akele
dhundhey tu apna koi..

ho jaunga tere havaaley
isey pyar samjh lena..

ye ishaq hai , na ki saudaa
na koi maslaa

hisaab kitaab ka..

tu pehla , tu hi aakhiri
panna mere dil ki kitaab ka..

tu saamne ho to shaant ye
machalti dil ki dhadkan ho jaati hai..

teri aankhey jaise mere dil ka
darpan ban jaati hai

pyar ka kahaan koi
tayy din hota hai

pyaar toh janaab..
har din hota hai

ek chehra dil se
utartaa nahi zindagi bhar

usi chehre se pyaar
har din hotaa hai

main mureed nahi haseen chehro ka
mujhe shaunk kahaaniya
zubaani ka

mujhe pasand neela ambar
aur tu

mujhe shaunk sunehrey paani ka

writopoet

45

jee karta hai..

Jee karta hai ,
har cheez baantu tere saath

Jo kamau din bhar
laake rakh du tere haath..

baatey kartey kartey tujhsey
guzrey meri har raat

sochna na padey ,
zaahir kar pau har zazbaat

haath se bana kar khilaana
mere pyaar jataaney ka tareeka hai..

dil ka rasta pet se guzarta hai
seekha maa se mainey

ye saleeka hai

mohabbat waapsi ki
mohtaaj nahi hoti

khud ko lutaane wala hi
aashiq kehlaaya hai

maloom hai abhi tak
haan nahi hai tumhaari...

humney tumhey dost keh kar
dil ko behlaaya hai..

meri khushiyo ka rasta tum se
hokar guzarta hai
mere sitaarey aasmaan chadh jaate hai

tumhe hasstey dekhu jab jab
meri zindagi ke chand lamhey badh jate hai

tumhaari marzi hai tum
farsh se utha kar
paak kar do

pyaar mera behtaa paani hai..
tum rootho toh dil ko
raakh kar do..

lagaa lo kisi din seeney se
main saara jahaan saja du

tum rakh kar laaj mohabbat ki
duguni meri saakh kar do

sochogey shayar
peechhey hatt ja
koshishey chalo fir laakh kar lo...

na haaru martey dam tak main
chahey zehar ka pyala
tum chaakh kar do

writopoet

naa doob zyaada...

Na doob zyaada
in ankho me meri..

dard ka dariya hai
beh jayega...

Jo kehne se tujhe
darta hai shayar

tere dekhne bhar se hi
keh jayega...

dar hai kahi tu
chhod na de mujhe
akela sa bheed me fir
reh jayega

ek tere hone se hi ye zindagi ,
zindagi si lagti hai

tu sath hai toh har gam
hass kar seh jayega..

Tere deedar ke liye maine
sooraj ko dhalte dekha hai...

Jis taare ko teri chaandni nhi
usey haath maltey dekha hai

naa aazmaana kabhi
dyaar e ishq jnaab

shama ke liye,
parwaney ko jalte dekha hai

Ye masla ulfat ka jaane
kaha lekar jayega

Ye silsila meri chahat ka
door tak sath jayega..

tujhe mere bhaag me vo
beshak na likhey

par shayar ye saanse tujhpe
vaar jayega

pyaar ki galiyon me haadsa ye
aam kar jayega..

naam toh khoob kamaygi
apni mohabbat
kambakht tera ishq mujhe
badnaam kar jayega..

Na doob zyaada in ankho me meri..
dard ka dariya hai beh jayega...

Jo kehne se tujhe darta hai shayar
tere dekhne bhar se hi keh jayega...

writopoet

fikar karti hai..

Thodi ziddi hai thodi jhalli bhi
thodi nadaan hai
thodi pyaari bhi,

meri aadatey khraab hai
har sawaal ka,
uska yehi jawaab hai

kehti kuch khaas nahi tu,
shayar par ye rishta laajawaab hai

meri khaamiyo par fida hai
fir banti bhi badi nawaab hai ..

uski di kadar ne bigaad diya
ye naacheez jnaab hai

aas pass mere nahi fir bhi
mera itna khyaal rakhti hai ..

yakin nhi hota kabhi kabhi kismat par apni
aur vo mujh par yakin befikr karti hai..

kuch is tarah vo
mera zikar karti hai

kabhi ho kar naraaz bhi mujhse
meri hi fikar karti hai...

uska hona kisi dua se
kam nahi hai..

chahey koi din esa nahi jab aankhe
hamari hui nam nahi hai ....

dar paane ka tha kabhi
aaj usey khone ka bhi hai ...

doori bhi sataaaye aur
dar ek hone ka bhi hai....

kismat me saath uska
har ghadi likha nahi hai...

log ithe takraaye par har kisi pe
ye shayar bika nahi hai...

vo bhi zindagi ki tarah mujhe ,
waqt waqt par parakhti hai

mere har khwaab ko v
o bhi sirhaane rakhti hai...

dikhaaye na vo,
par dil jaanta h mera
kis tarah vo mera zikar karti hai

kabhi ho kar naraaz bhi mujhse...
meri hi fikar karti hai

writopoet

saal hogeya lagta hai..

Uss se takraaye inaab..
khud ko ulfat me paaye

ek saal hogya lagta hai...

taar dil ke mere..
jo tab ke uljhe na sulajh paaye..
ishq mere ko

aaj saal hogya lagta hai....

shayar ko apnaana,
pal me sukoon de jana
jaise kal hi ki baat ho,
hauley se guzar jaana..

baith kar kissey sunna sunaana..
na Jaane kab aadat ban jaana

saal hogya lagta hai..

waqt beet jaata hai
yaadein reh jaati hai.....

zubaan chup ho fir bhi
aankhey sab keh jaati hai...

rakh liya maine usey dil me apne ke
kacche ishq ki deeware
dheh jaati hai....

mehfooz usey umar bhar rakhega
ek umar guzar rahi hai uske saath..

kismat meri yahi hai khudaa ..
jitni likh di tune uske haath

mujhse khushnaseeb nhi koi huzur
guroor ye paaye mujhe
saal hogya lagta hai...

uske saaye me samaaye

aaj saal hogya lagta hai..

nazar se na kisi ki
nazar lagey mere yaar ko

nazro se main utaar du
jo nazar sa lagey mere pyaar ko

sunaane baithu khoobiyan toh
ye raat adhuri hogi ..

chhed tu koi baat toh aaj
har baat adhuri hogi..

muskuraatey muskuraatey
beet jayegi raina..

khyaalo me shayar fir ..
kho jayega lagta hai

Vo titli koi
main phool sa hu

vo hi sudhaare esi
bhool sa hu

uske pero se lagi...
uss dhool sa hu

nikaah me kahey gye
us kabool sa hu..

Usey meri lakeero me aaye
saal hogya lagta hai.....
ishq mere ko

aaj saal hogya lagta hai.....

writopoet

usney kaha..

usney kaha
tu thik nahi shayad...
main hairaan usey maloom kaisey

usney kaha-
tujhe bhi toh mehsoos ho jata hai
tera mera rishta juda hi hai
kuch aisey....

naa jaane kitni baar hua
bina bole samih jo aayi hai...

usey yaad karte rehne ki aadat
uski khabar mujh tak laayi hai....

vo akele sehne lagey toh
havaao me aahatt hoti hai...

baat krne ki bechainee fir,
jee machlaati ghabrahat hoti hai ..

faaslo se farak nahi padta huzur
jab dil se door koi hota nahi

samajhne ke liye bas ek
koshish zaruri hai
itna majboor bhi koi hota nahi...

jab bhi usey dekhu,
wahi chhehra
wahi jaan nikaalti uski hasi hai..

wahi fikar hoti hai usey meri
unhi aankho me meri jaan basi hai...

kaisey tann jata hu us par
kisi gair se baat krne me dar hai

saara jahaaan begaana hai
sirf vo ek shakhs mera ghar hai...

kehne ko ek zindagi hai
par kayi tarah se jeete hai hum

kahi sirf khushiyaan baant rhe
kahi har pal gam peete hai hum ...

kisi kissey me
humsey behtar koi nahi
kisi kahaani me itne bure hain hum..

koi zindagi hamaari
puri ban geya
kisi ke liye hameshaa adhurey hai hum..

writopoet

tere saath hu..

meri thakaan ko miley jo sukoon , vo shakhs haii
dekho ye aankhe gawaah hai meri..

shaam ko uska hass kar milna
din bhar ki tankhwa hai meri..

nazrey milaa kar uss ne kaha ...
darnaa nahi tere saath hu...

bikhrey tukdey samet liye mainey
lagaa ke fir aabaad hu...

vo shakhs hi esa hai huzur
jisey taaruf ki zarurat nhi..

saadgi mashhoor hai jnaab ki
tareef ki zarurat hi nahi...

Jo kehta h mujhe sacchai likh..
main tera sammaan hu..

khwaab dekhna chhodna nahi
main teri pehchaan hu...

jo kehta hai tu rukna nahi
tere kadmo ke nishaan hu...

tu panchhii hai udaan bhar
main tera aasmaan hu...

mere gam raah bhatak jaate hai
seeney se uske lag kar janaab

us haq ke kaabil main
ban gya mehmaan hu...

main us insaan ki parchhai..
insaniyat me jiske baad hu..

naseeb me esa paaya usko
vo lakeerey main haath hu

seeney se laga kar usne kahaa
main na ho kar bhi tere saath hu..

bikhrey tukdey samet liye mainey
lagaa ke fir aabaad hu...

writopoet